Renate & Georg Lehmacher

Alles Gute im neuen Heim

von

....

für

....

PATTLOCH

Wohl fühlen

Im neuen Heim
sollst du dich von Beginn an
rundum wohl fühlen.
Komm an – und sei zuhause!
Im Auf und Ab des Lebens
ist eine schöne Wohnung
eine wunderbare Zuflucht,
in der man geschützt
und aufgehoben ist.

My home is my castle.
Edward Coke

Heimat

Deine neue Heimat
soll eine Insel der Geborgenheit
für dich sein, ein Platz,
der dir Wärme schenkt
und Fröhlichkeit ausstrahlt.

*Ein Haus ist eine Arche,
um der Flut zu entrinnen.*
Katherine Mansfield

Gastfreundschaft

Lass deine Tür
immer einen Spalt weit offen
für Freunde, Nachbarn
und Menschen in Not.
Deine Gastfreundschaft
kommt auf andere Weise
zu dir zurück.

Ein Haus stirbt nicht, das den Gast willkommen heißt.

Aus dem Sudan

Gute Nachbarn

Geh mit einem Vorschuss
an Vertrauen und Freundlichkeit
auf deine Nachbarn zu.
Zeige dich aufgeschlossen
und freue dich,
neue Menschen kennen zu lernen.
Blicke zuversichtlich auf das,
was das Leben Tür an Tür
bringen mag.

Kein Mensch ist so reich, dass er nicht noch einen guten Nachbarn brauchen könnte.

Aus Ungarn

Erinnerungen

Sorge dafür,
dass dein neues Heim
ein Ort der bleibenden
Erinnerungen wird.
Gutes, Schönes und Heiteres
sollen hier Einzug halten.
Schaffe dir mit Kleinigkeiten
deine eigene Welt,
aus der du Kraft schöpfst
und in die du immer wieder
gerne zurückkehrst.

Wohltun beginnt zuhause.
Aus England

Verstehen

Mach dein Zuhause
zu einem Raum des Verstehens.
Pflege Freundschaften
und nimm dir Zeit
für gute Gespräche.
Wo Menschen gehört,
verstanden und angenommen werden,
fühlen sie sich daheim.

Nicht da ist man daheim, wo man seinen Wohnsitz hat, sondern wo man verstanden wird.
Christian Morgenstern

Segen

Viel Glück und Segen
für dein Heute, dein Morgen
und Übermorgen.
Für das, was du hast,
für das, wovon du träumst,
für das, was du noch erwerben wirst.
Alles, was um dich ist,
ist Ausdruck deiner Erfahrung.
Gehe gut mit
deinen Schätzen um!

Innerer Reichtum ohne Fähigkeit innerer Sammlung
ist ein begrabener Schatz.
Arthur Schnitzler

Harmonie

Möge sich die Harmonie,
mit der du deinen
neuen Lebensraum gestaltest,
auf die Menschen übertragen,
die dir nahe sind.
Lass die anderen von deiner Offenheit
und Freundlichkeit profitieren.

Glück ist die Harmonie, in der wir zu den Dingen, die uns umgeben, stehen.
Friedrich Schiller

Kreativität

Erfülle dein neues Heim
mit Leben!
Eröffne dir einen Raum
für Kreativität,
der alles um dich herum
erstrahlen lässt.
Lasse Veränderungen zu,
wenn dir danach ist,
damit es in deinen eigenen vier Wänden
nie langweilig wird.

Wenn wir wollen, dass alles so bleibt, wie es ist, dann ist es nötig, dass alles sich verändert.
Tomaso di Lampedusa

Geborgenheit

Mache dein Heim
zu einem perfekten Wohlfühlort
für jeden, der durch deine Tür tritt.
Sorge dafür, dass sich unter
deinem Dach das Kindliche, das Spielerische,
das Liebevolle entfalten darf.

Mit einer Kindheit voll Liebe kann man ein halbes Leben hindurch für die kalte Welt haushalten.

Jean Paul

Glück

Alles Gute für die Jahre,
die du an diesem Ort bist.
Möge es eine Zeit
voll schöner Momente werden,
in der dir das Glück
auch an schwierigen Tagen
zur Seite steht.
Eine Zeit, auf die du erfüllt zurückblickst,
selbst wenn es dich eines Tages an
einen anderen Ort verschlägt.

Wer auf die Welt kommt, baut ein neues Haus.
Er geht und lässt es einem Zweiten; der wird sich's
anders zubereiten, und niemand baut es aus.

Johann Wolfgang von Goethe

Zuhause

Mit deinen neuen vier Wänden
hast du ein Zuhause gefunden,
einen Ort, der dir zeigt,
wo du hingehörst.
Denke an andere,
denen dieses Glück nicht zuteil ist
und schenke auch ihnen
ein Stück Heimat.

Nicht Heimat suchen,
sondern Heimat werden sollen wir.
Ina Seidel

Perspektiven

Genieße dein neues Heim!
Erobere es mit deiner Seele.
Stöbere in jedem Winkel
und betrachte es aus allen Perspektiven.
Suche dir ein Lieblingsplätzchen.
Spiele, lache, freue dich.
Lass dich nieder
und sei ganz du selbst!

*Nur zuhause
ist der Mensch ganz.*
Jean Paul

Mut zum Träumen

Wünsche dir das Paradies herbei
und verwirkliche einen Teil davon.
Lebe deine Träume.
Umgib dich mit Schönem.
Schaffe dir dein Refugium,
das dir Kraft gibt,
um die Hürden des Alltags
zu meistern.

Es ist notwendig, sich Paradiese zu schaffen,
poetische Zufluchtsorte, wo man auf einige Zeit
die schauderhafte Zeit, in der wir leben, vergessen kann.

Ludwig II. von Bayern

Heimkehren

Nutze dein neues Zuhause
als Gelegenheit,
um bei dir selbst anzukommen.
Genieße hier und da ganz bewusst
die Stille daheim
und schaffe einen Gegenpol
zum hektischen Alltagslärm.
Gehe in dich
und lass die Seele baumeln.

Es ist die Aufgabe eines jeden Menschen,
zu sich zu kommen.
Edith Stein

Begegnungen

Erlaube dir,
auch einmal alleine zu sein,
damit die Seele atmen kann.
Doch fühle dich nie einsam.
Mach dein Zuhause
zu einem Ort der Begegnung –
zu dir selbst
und zu anderen.

Lasst Zwischenräume
in eurem Zusammensein.
Khalil Gibran

Friede

Friede soll dich
alle Tage begleiten,
die du nun hier wohnst.
Gib der Menschlichkeit und
Liebe eine Heimat.

Wo Liebe ist,
da ist Frieden.

Mutter Teresa

Platz für Gutes

Möge das,
was du dir geschaffen hast,
mehr sein als ein Platz
zum Essen und zum Schlafen.
Möge es ein Raum
der individuellen Freiheit
und der Entfaltung sein.
Möge es ein Ort sein,
an dem du dir Gutes tust,
lachst, genießt, kurz: ein Platz,
um Mensch zu sein.

Wir wohnen nicht, um zu wohnen,
wir wohnen, um zu leben.

Paul Tillich

Neuer Anfang

Nun vergiss die Mühen
des Umzugs, den Ärger,
den Verdruss.
Lebe im Glück
des neuen Anfangs
und lass dich
von seiner Kraft beflügeln.
Lebe ein gutes Leben
in deinem neuen Heim und
lass uns manchmal
ein wenig daran teilhaben.

Ich vergesse, was hinter mir liegt,
und strecke mich nach dem, was vor mir liegt.

Phil 3,13

Vom Erfolgsduo Renate & Georg Lehmacher ebenfalls bei Pattloch erschienen:

Bibliografische Information: Deutsche Nationalbibliothek
Die Deutsche Nationalbibliothek verzeichnet diese Publikation in der
Deutschen Nationalbibliografie; detaillierte bibliografische Daten
sind im Internet über http://dnb.d-nb.de abrufbar.

Es ist nicht gestattet, Abbildungen dieses Buches zu scannen, in PCs oder auf CDs
zu speichern oder in PCs/Computern zu verändern oder einzeln oder zusammen mit
anderen Bildvorlagen zu manipulieren, es sei denn mit schriftlicher Genehmigung
des Verlages.

© 2007 Pattloch Verlag GmbH & Co. KG, München

Covermotiv: Flora Press
Gesamtgestaltung: Atelier Lehmacher, Friedberg (Bay.)
Fotos: Renate und Georg Lehmacher, www.lehmacher.de
Lektorat: Hans-Peter Lembeck
Druck und Bindung: Uhl, Radolfzell
Printed in Germany

05 04 03 02 01

ISBN 978-3-629-10202-7

www.pattloch.de